KB161940

＊감수인

이 책은 인류가 발달하는 과정과 세계의 운동 전체를 거시적이고 넓은 시각에서 체계적으로 보여주고 있다. 서로 다르고 복잡해 보이는 사건들이 하나의 맥락을 갖고 연결되어 있다는 사실과 의미를 이야기 형식으로 서술하여 쉽게 파악할 수 있다. 학습효과를 위하여 단계적으로 이해해가는 형식을 취했고, 단원마다 요점들을 정리하여 서술하였다. 또한, 사실을 확신시키고 흥미를 높이기 위해 다양한 자료들, 현장 사진들, 삽화, 그리고 극화까지 활용하였다. 세계문화의 백과사전 같은 가치를 지녀서 성인들이 학습하기에도 손색이 없다. 청소년들이 머지않아 현재로서 맞이할 미래를 위해 이 책이 의미 있는 길잡이가 되길 바란다.

윤명철 (동국대학교 교수. 역사학자)

＊일러두기

• 맞춤법과 띄어쓰기는 국립국어원에서 펴낸 〈표준국어대사전〉을 기준으로 삼았습니다. 다만, 역사 용어의 표기와 띄어쓰기는 교육과학기술부에서 펴낸 〈교과서 편수 자료〉와 중학교 국사 교과서를 따랐습니다.
• 외국 인명과 지명은 〈외국어 표기 용례집〉을 따랐습니다.
• 〈세계사 이야기〉의 내용이나 체재는 2011년에 새로 나온 초등학교 교과서를 기본으로 하여 편집하였습니다. 맞춤법이나 표기도 최종적으로는 초등학교 교과서에 맞추었습니다.

중국 베이징 이화원의 사자상

우리 땅 넓은 땅
세계사 이야기 13

다시 통일되는 중국

펴 낸 이 : 이재홍
펴 낸 곳 : 도서출판 세종
등록번호 : 제18-79호
대표전화 : 02)851-6149. 866-2003
F A X : 02)856-1400
주 　 소 : 경기도 광명시 가학동 786-4호
공 급 처 : 한국가우스 | 등록번호 제18-147호
고객상담전화 : 080-320-2003
웹사이트 : WWW.koreagauss.com

※잘못 만들어진 책은 교환해 드립니다.

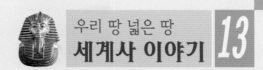

우리 땅 넓은 땅
세계사 이야기 13

다시 통일되는 중국

글 **한국역사교육연구회** ■ 추천 **파랑새 열린학교 · 한국역사사관학교**
감수 **윤명철** (동국대학교 교수 · 역사학자)

k⌐_s한국가우스

역사를 올바로 보는 눈

세계의 역사는 우리 인류가 걸어온 발자취입니다.

어제 일어난 여러 사실들은 역사가의 평가와 시각에 의하여 역사적 사실로 재발견되고, 그 의미가 새롭게 밝혀져 역사로 기록됩니다.

이것을 통하여 오늘의 우리는 어제의 역사와 만나게 되고 우리가 살지 않았던 어제를 생생하게 체험하며, 그 올바른 의미를 물려받게 됩니다.

역사는 오늘의 삶을 비추어 주는 거울이며 내일을 바라볼 수 있는 창이기도 합니다.

때문에, 역사 서술은 치우침이 없고 엄격해야 합니다.

우리는 그러한 역사를 공부함으로써 우리 자신과 오늘의 현실을 객관적으로 바라보고, 또 비판할 수 있는 힘을 기르게 됩니다. 역사를 배우는 중요한 목표는 자신을 스스로 깨닫게 하는 데에 있다고 합니다.

한편, 역사는 단순한 어제가 아니라 살아 있는 어제여야 한다고 말합니다. 이것은, 역사가 단순히 어제의 사실을 알려 주는 것만이 아니고 오늘의 우리에게 교훈이 되고, 오늘의 문제를 해결할 수 있는 슬기가 되어야 한다는 뜻을 담고 있습니다.

이는 곧 우리가 왜 역사를 배워야 하는지를 말하는 것이기도 합니다. 한국인으로서의 정체성과 함께 다른 문화와 국가에 대한 이해가 있어야만 이 지구촌의 시대를 살아갈 수 있기 때문에 특히 세계사는 중요합니다.

한국인으로서 정체성은 한국사뿐만 아니라 세계사를 함께 배울 때 온전히 형성될 수 있습니다.

우리 어린이는 이러한 역사 인식으로 세계사를 사랑할 뿐 아니라, 인류의 번영, 그리고 새로운 세계의 건설에 이바지하는 '올바른 역사관' 을 가진 세계인이 되도록 힘써야 할 것입니다.

한국역사교육연구회

중국 베이징 이화원

우리 땅 넓은 땅

세계사 이야기

13

차 례

1. 중국 문화를 통일한 후한 시대

한의 쇠퇴와 왕망의 개혁 12

다시 일어선 한 16

2. 황건적의 난

세상을 어지럽히는 황건적 28

위진 남북조 시대의 개막 32

3. 수나라의 통일과 살수 싸움

국가의 기틀을 다지는 수나라 38

살수 대첩과 수나라의 멸망 47

4. 번영을 누린 당나라

중앙 집권을 다지는 당 태종 58

불교의 발전과 문학의 융성 66

5. 주자학이 일어난 송나라

송의 건국과 거란의 침입 76

주희가 발전시킨 주자학 82

6. 세계에 자랑할 만한 중국의 4대 발명

채륜의 종이 발명 86

인쇄술과 화약, 나침반의 발명 90

세계사 부록

간추린 역사 마무리 94

세계사 연표 96

이 시대의 세계는 98

1 중국 문화를 통일한 후한 시대

무제가 세상을 떠난 뒤 한은 서서히 힘을 잃기 시작했습니다. 화제의 외척들이 권력을 잡고 이권을 챙기자, 가난한 백성들의 생활은 더욱 어려워졌습니다.

왕망이 '신'이라는 나라를 세워 개혁을 했지만 성공하지 못했습니다. 1200년 전인 주나라의 제도를 따라 하려다 보니 오히려 정치가 더욱 혼란스러워졌습니다.

결국, 왕망이 세운 '신'은 반란으로 15년 만에 무너지고, 광무제가 한을 다시 이었습니다.

유방이 항우에 앞서 입성하는
장면인 〈한 고조 입관도〉

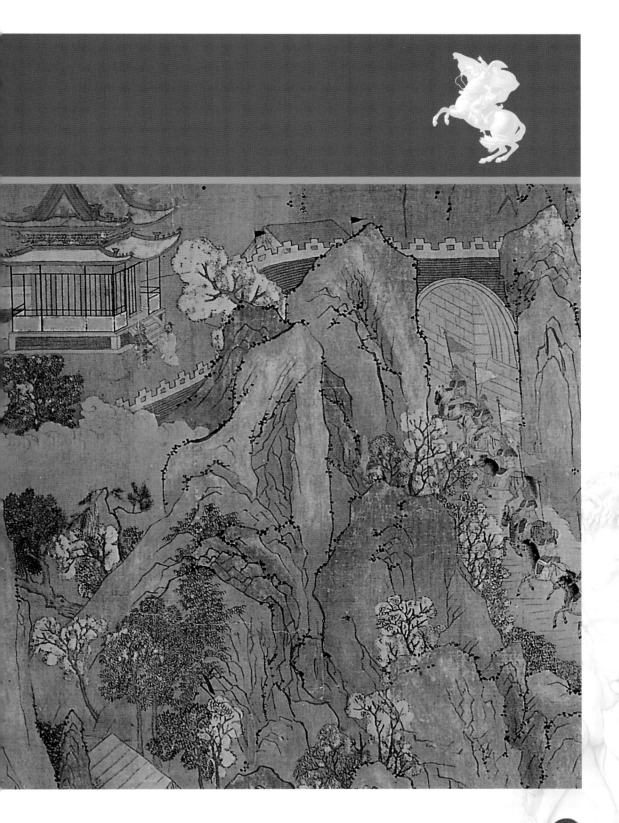

한의 쇠퇴와 왕망의 개혁

왕망의 초상화

한의 농촌 사회는 나이 많은 사람을 중심으로 마을을 꾸려 가는 공동체였고, 농민들 사이에 빈부의 차이가 크지 않았습니다.

그런데 무제 때 수십 년 동안 전쟁을 치르면서 대부분의 농민이 높은 세금 때문에 가난에 허덕였습니다.

가난한 농민들은 땅을 팔거나 저당을 잡혔는데, 일부 부유한 사람들은 이 땅을 헐값에 사들였습니다. 이렇게 해서 넓은 땅을 차지한 사람들을 호족이라고 합니다.

주공의 조각상

주나라의 정치가 주공의 초상화

호족들은 시간이 지날수록 더 많은 땅을 가졌습니다. 하지만 가난한 농민들은 먹고살기 위해 호족의 땅을 빌려 농사짓는 소작농이 되거나 정든 고향을 떠나 이리저리 떠돌게 되었습니다.

농민들의 불만이 높아지는 가운데 화제의 외척인 왕망이 일을 공정하게 처리하고 백성을 아껴서 인기를 얻었습니다.

왕망은 노비를 죽인 아들을 꾸짖어 스스로 목숨을 끊게 하고, 가난한 사람을 위해 많은 재산을 내놓기도 했습니다. 특히 왕망은 공자가 가장 존경했다는 주공을 본받으려 하면서 유교를 장려했습니다.

왕망은 사람들이 떠받들어 주자, 황제 자리를 욕심냈습니다. 그는 재해가 일어나는 것은 한의 수명이 다했기 때문이라고 주장했습니다.

한편, 자신에게 반대하는 사람들은 모두 처형했습니다.

왕망은 신중하고 치밀하게 준비하여 정권을 빼앗은 뒤, 8년에 '신'을 세워 스스로 황제가 되었습니다. 왕망은 유교를 바탕으로 '신'을 이상적인 나라로 만들려고 하였습니다. 먼저 개인이 지나치게 많은 땅을 가지지 못하게 하고, 노비를 사고파는 것을 금지했습니다.

허난 성 뤄양시에 있는 주공의 사원

하지만 현실을 무시하고 1200년 전으로 돌아가려는 왕망의 개혁은 곧 벽에 부딪혔습니다. 무엇보다 이미 강력한 세력을 가진 호족들이 토지를 늘리지 못하게 하자 크게 반발했습니다.

따라서 사회가 갈수록 점점 혼란스러워졌습니다.

흩어진 민심을 하나로 모으고 강력한 중앙 집권 정책을 시행하도록 하시오.

황제에게 술을 올리는 왕망

왕망의 혁명

무제가 죽은 후 환관과 외척이 국정에 간섭하여 황제 정치에도 동요가 일어났다. 이처럼 국정이 어지러워지자, 황실의 외척 왕씨의 일족인 왕망이 마침내 한을 탈취하여 신을 세우고, 유가의 경전인 〈주례〉에 의거하여 관제를 고쳤다.

또, 갖가지 화폐 주조 외에 거북, 조개 등을 화폐로 통용시키려 하였고, 토지와 노비의 매매를 금하는 등 극단적인 복고주의 정책을 써서 사회의 동요를 막으려고 하였다. 하지만 그러한 시대착오적인 방식은 도리어 사회를 혼란과 곤궁 속으로 몰아넣기만 할 뿐이어서, 지방 호족과 민중이 각지에서 봉기하였다.

반란 세력은 각기 한의 부활을 목표로 싸워, 23년에 신을 멸망시켰다. 이때, 한 황실의 일족인 유수가 호족 세력의 지지를 얻어 한 왕조를 부활시켰다. 이것을 후한이라고 한다.

중국의 비단

신의 왕망전

농민의 고통은 더욱 커졌습니다.

더 이상 참지 못한 농민들이 곳곳에서 반란을 일으켰고, 호족들까지 군사를 일으켰습니다.

23년, 마침내 왕망은 반란군 손에 죽고, '신'은 세운 지 15년 만에 역사 속으로 사라졌습니다.

다시 일어선 한

신이 멸망한 뒤 몇 년간 반란군끼리 서로 정권을 차지하려고 다툼을 벌였습니다. 그러다가 25년에 한나라 황실의 먼 후손인 유수가 반란군을 모두 물리쳤습니다.

25년 유수는 호족들의 추대로 황제가 되어 한을 다시 세우고 광무제가 되었습니다. 그래서 왕망 이전의 한을 전한, 광무제가 세운 한을 후한이라고 합니다.

한나라 시대의 흙으로 만든 촛대

황제의 자리에 오른 유수

광무제의 초상화

세운 지 얼마 되지도 않았는데, 신나라는 결국 멸망하고 마는 것인가?

*뤄양

중국 허난 성 북서부에 있는 시로, 남북으로 망산 산과 뤄수이 강을 끼고, 화베이 평야와 웨이수이 강 분지를 잇는 요지이다. 예로부터 도읍지로 번창하였다.

광무제는 도읍을 장안에서 뤄양*으로 옮겼습니다.

"우선 영토가 넓어야 한다!"

광무제는 강력한 중앙 집권제로 나라의 기반을 튼튼히 다지고 전쟁터를 누벼 영토를 넓혔습니다.

그리하여 뒤를 이은 명제 때에는 중국의 영토가 가장 넓었습니다.

한나라 시대의 개 모양의 조각

후한은 로마 제국과 수백 킬로미터 떨어진 곳까지 세력을 뻗어나가고, 페르시아 등과 무역을 시작하였습니다.

광대한 영토를 지배함으로써 중국 대륙에는 커다란 변화가 일어났습니다. 그것은 문화의 통일이었습니다.

중국 대륙은 단일 중앙 정부의 지배로 안정을 찾았고, 여러 인종과 문화는 한울타리 안에서 뒤섞이며 합하여져서 하나의 중국 문화를 탄생시켰습니다.

한나라 시대의 묘에서 출토된 유물

* 한자
 중국에서 만들어져 오늘날에도 쓰이고 있는 표의 문자이다. 은허에서 출토된 기원전 15세기 무렵의 갑골 문자가 현존하는 것 중에서 가장 오래된 것이다.

광무제

"문자를 통일하라."

이 무렵에 중국인들은 '한자'*라는 통일된 문자를 썼으며 대륙에 중국 문화 즉 '한문화'가 이루어졌습니다.

한자와 한족이라는 공통의 요소를 지니게 됨으로써 드디어 전 중국 대륙에 '중국 민족'이라는 통일된 국가 의식이 싹트게 되었습니다.

이런 의식이 오늘날의 중국 문화를 낳게 한 것입니다.

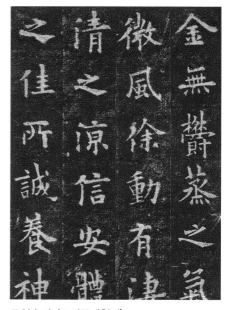

구양순의 '구성궁예천명'

오호, 신기한지고. 이것이 종이라는 물건이라고?

어느 날 황제는 신기한 것을 보았습니다.

"보들보들하고 얇은 이게 대체 무슨 비단이란 말이냐?"

"그것은 비단도 아니옵고 짐승 가죽도 아닌, 종이라는 것이옵니다."

채륜이 종이를 발명한 것은 이 무렵입니다.

종이를 만드는 채륜

산시 성 양현에 있는 채륜 묘지

제지법 기념우표

채륜

채륜이 발명했다 하여 이 종이는 '채후지'라고도 불렀습니다. 이 무렵만 해도 글씨를 대나무 쪽이나 비단에 썼습니다.

종이의 발명은 문화 발전에 크게 기여하였습니다. 기록을 위한 재료가 해결된 까닭이었습니다. 이 종이는 이슬람을 거쳐 전 세계로 퍼져 인류 문화에 크게 이바지하였습니다. 그리고 후한 시대에는 학문과 유교가 크게 발전했습니다. 특히, 이 시기에 '훈고학'이라는 것이 두드러졌습니다.

한 걸음 더!

채륜의 제지법과 제지법의 유럽 전파

이집트에서 사용된 파피루스는 지중해 연안을 중심으로 8세기 무렵까지 사용되었다.

한편, 고대 중국에서는 죽간이나 목간, 비단 등에 글씨를 쓰다가, 후한 시대에 이르러 채륜이 물속에서 부드러워진 나무껍질, 삼거웃, 헝겊, 어망 등을 이용하여 종이 만드는 방법을 생각해냈다. 이렇게 만들어진 종이는 비단보다 값이 훨씬 싸고 질도 뛰어났다.

종이를 만든 채륜

더욱이 당시 후한에서는 정치상의 필요나 문화의 발전으로 기록을 위한 재료의 수요가 급증하여, 종래의 목간이나 죽간, 비단 대신에 값싸고 질 좋은 종이가 널리 사용되었다.

종이 제조법은 751년, 탈라스 전투 때 당의 종이 제조공이 이슬람의 포로가 된 이후 서쪽으로 전파되어 유럽에까지 전파되었다.

진시황 시대의 '분서갱유'

외척과 환관들의 등쌀에 난 이름뿐인 왕이로구나.

유교의 창시자 공자의 초상화

*훈고학

고전을 해석하기 위하여 주로 문자의 의미를 연구하는 학문이다.

중국 한나라 때 유행하였고 당나라 때에 집성된, 고전 해석을 위한 학문이다.

   그러나 진시황 시대의 '분서갱유'로 많은 유교 경전과 책들이 불타 버려 귀중한 자료가 거의 사라졌습니다.

   훈고학*은 바로 사라진 귀중한 자료들을 연구하고 찾아내어 다시 복구하는 학문입니다.

정현의 조각상

산둥 성 취푸 현에 있는 공자의 묘지

이 연구에 일생을 바친 마융, 정현 같은 학자들의 노력으로 동양 정신의 뿌리인 유교가 다시 정리되고 계승될 수 있었습니다.

광무제가 일으킨 후한은 그 뒤 2백 년도 못 가서 나라가 어지러워졌습니다. 외척과 환관들이 권력을 잡으려고 날뛰었기 때문이었습니다.

왕의 눈치는 볼 것 없소이다. 실권은 이미 우리에게로 넘어왔소.

"휴, 짐은 말만 황제로
다."

허수아비가 된 황제는
한숨만 쉬었습니다.

황제는 한낱 실권 없는
허수아비로 전락하였고,
권력을 서로 잡으려는 환
관들과 외척들의 온갖 음
모와 술수로 싸움은 계속
되었습니다.

후한 초기의 풍속을 그린 〈악무백희〉

 골든벨 상식

외척과 환관의 횡포

한 무제 사후 8세의 어린 나이에 황제가 된 소제는 선친의 유조에 따라 곽광에게 정치의 실
권을 맡겼다. 더욱이 소제가 곽광의 외손녀와 혼인함으로써 곽광의 전횡은 더욱 심해졌다.

소제가 21세에 돌연 병사하자, 외척 곽광은 황제 후보자 문제로 물의를 빚은 끝에 무제의 증
손인 선제를 추대하고 계속 득세하였다.

곽광 사후 선제는 그의 외척들을 등용하여 곽씨 일족을 제거하였으나, 이후 계속 외척의 횡
포가 심해지자, 다음 황제인 원제는 환관 석현을 등용하였다.

원제에 이은 성제는 석현 또한 횡포를 부리자 외척 왕씨 세력을 등용하였다. 이 왕씨 세력의
왕망이 마침내 전한을 멸망시켰다.

2 황건적의 난

나라가 어지러운 틈을 타, 황건적을 이끄는 장각이 '태평도'라는 종교를 일으켜 신도들을 모아 군대를 일으켰습니다.

한편, 조조, 유비, 손권에 의해 삼국 시대에 접어들었고 진이 중국 대륙을 통일하게 되었습니다.

이어, 5호 16국으로 혼란이 이어지고 다시 북위와 송이 들어서면서 남북조 시대가 열리게 되었습니다.

태평 교도를 중심으로
농민들이 봉기하였던
황건적의 난

세상을 어지럽히는 황건적

세상이 어지러워지자 곳곳에 도적
떼가 들끓었습니다. 그중에서 가장 큰
도적의 무리는 황건적과 오두미도의 신
도들이었습니다. 황건적은 장각이 이끌
었고 오두미도의 신도들은 장릉이 이끌
었습니다. 특히, 황건적은 그 수가 수십
만 명이나 되어 나라를 무너뜨릴 만큼
엄청난 세력으로 커졌습니다.

혁명을 일으킨 황건적

이 도적 떼들은 이마에 노란 띠를 둘러서 '황건적'이라 불렸습니다.

"노란색은 황제의 붉은색을 대신할 색이니, 우리가 천하를 휘어잡고 내가 보위
에 오르는 날, 노란 옷을 입으리라. 그날을 위해 머리에 노란 띠를 두르라!"

황건적을 이끄는 장각은 처음에 '태평도'*라는 새로운 종교를 일으켜서 많은 신도를 모았습니다.

"우리도 나라를 휘어잡아 떵떵거리며 살아 보자!"

장각은 신도 수십 만 명을 군대로 만들었습니다.

이로써, 중국 대륙 전 지역에 노란 띠를 두른 황건적이 나타나 재물을 빼앗고 온갖 못된 짓을 서슴없이 저질렀습니다. 그럼에도 한나라 조정은 이를 누르지 못했습니다.

*태평 교도의 난
태평도의 교단은 후한 말 장각이 만든 종교 결사 단체로, 종교의식을 통해 병을 고치고 사회적 평등을 주장하여 천재지변과 압정에 시달리던 수십만의 신도를 얻었다.
후한 왕조가 태평도를 탄압하자 장각을 지도자로 한 신자들은 184년에 반란을 일으켰다. 황색 두건을 썼으므로 황건적이라 불리었는데, 10여만 인이 학살되고 장각도 병사하여 192년에 난은 진압되었다.

오두미도의 창시자 장릉의 초상화

황건적을 이끈 장각의 초상화

촉의 유비

"망해 가는 나라를 이대로 두고 볼 수는 없소!"

영웅호걸들이 너도나도 나라를 구하겠다고 나섰습니다. 그러나 알고 보면 이들은 마음속에 저마다 가지고 있는 속셈이 있었습니다. 나라를 뒤엎고 저마다 권력을 쥐려는 것이었습니다.

많은 호걸 중에서 세력을 떨치는 이들은, 조조(위:220~265년), 유비(촉:221~263년), 손권(오:222~280년) 등이었습니다. 중국 대륙은 바야흐로 삼국 시대로 접어들었습니다. 이들 나라에 대한 다툼 이야기는 오늘날 〈삼국지〉에 자세히 나타나 있습니다.

황건적의 난은 184년에 조조 등의 군대에게 몰린 황건적의 수장 장각이 병으로 죽음으로써 가라앉았습니다.

골든벨 상식

3국의 분립과 중국의 통일

중국은 184년의 황건적의 난을 계기로, 한 제국에 의해 400년 남짓 이어진 통일 시대를 마감하고, 400년간 계속된 대분열의 시대를 맞이하게 되었다.

즉, 184년부터 황건적의 반란과 군웅할거, 조조, 손권, 유비의 세력 다툼이 37년간 계속되었고 위, 오, 촉의 3국 시대(220~280년)와 짧은 진의 통일기를 거쳐 135년간 16국이 홍망을 거듭하는 5호 16국 시대(304~439년), 화북, 강남에서 150년간 화북의 유목 민족 왕조와 강남의 한족 왕조가 서로 대립하는 남북조 시대가 이어진 것이다. 이를 위진 남북조 시대라 한다.

3국의 분립은 208년의 적벽 싸움에서 조조가 손권, 유비의 연합군에 패함으로써 그 판도가 굳어졌으나, 3세력은 그 후에도 10여 년간 세력 확장을 위해 싸움을 계속하였다.

220년 조조의 아들 조비가 후한의 헌제에게 양위를 강요하여, 위 왕조를 세우고 스스로 즉위함으로써, 400년간 이어져 온 한 제국은 멸망하였다. 뒤이어 유비가 촉을 세우고, 222년 손권이 오를 세워 3국 시대가 시작되었다.

오의 손권

위의 조비

위진 남북조 시대의 개막

*사마염
  중국 서진의 초대 황제로, 선위의 형식으로 위나라 원제의 제위를 빼앗고 뤄양에 도읍하였다. 280년, 오나라를 쳐서 중국을 통일하였고, 점전제, 과전법을 시행하였다.

채륜

유비가 일으킨 촉은 한때 큰 세력을 떨쳤지만, 위와 오가 손을 잡는 바람에 위나라에 멸망했습니다.

위나라 신하인 사마염*은 왕위를 빼앗고 위를 멸망시킨 뒤에 진나라를 세웠습니다.

그 뒤 진은 오를 무너뜨리고 중국 대륙을 통일했습니다.

진의 무제 사마염

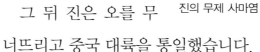

초의 가면 화폐

그렇지만 통일된 진은 50년도 못 가서 북쪽 흉노족에게 316년에 멸망했습니다.

"야, 큰 중국 땅이 텅텅 비었다!"

흉노족은 말할 것도 없고, 갈, 선비, 강, 저 등 5호로 일컫는 민족이 무리를 지어 중국 대륙으로 옮겨와 살았습니다. 이들은 곧 중국의 앞선 문화에 정신적으로 굴복하고 스스로 중국 문화를 흡수했습니다.

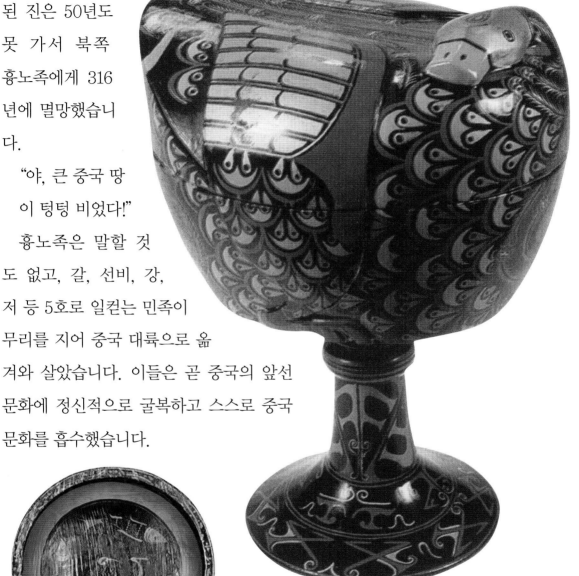

섬세한 촉의 칠기

촉의 칠기 접시

그리고 비록 핏줄은 다르지만, 문화적으로 동화됨으로써 새로운 중국인이 되었습니다.

서진이 망하자 황족과 귀족들은 양쯔 강 남쪽으로 내려가 살았고, 이들 중 사마예＊가 '동진'을 세워 강남 지방을 차지했습니다. 한편, 황하 유역 화북 지방에는 다른 민족이 여러 나라를 세워 다투었습니다.

1백여 년간이나 계속된 이 혼란의 시대를 '5호 16국 시대'＊라고 합니다. 5호는 다섯 민족의 오랑캐를 뜻하며, 16국은 그들이 세운 16개국을 말합니다.

이민족들의 중국 침략과 지배가 드세어지자, 화북의 명문 귀족 가문은 무리를 지어 남쪽 동진으로 피난하게 되었습니다. 이때부터 한문화의 중심은 황하로부터 양쯔 강 유역으로 옮겨지게 되었습니다.

5호 16국으로 나뉘어 혼란이 계속되던 화북 지방에, 이윽고 통일 정권이 들어서면서 중국은 두 개의 세력으로 정리되었습니다.

위진 남북조의 변천

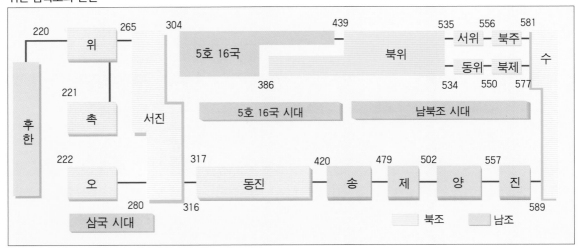

북쪽에는 탁발규가 일으킨 '북위'*, 남쪽에는 유유가 동진*을 멸망시키고 세운 '송'이 들어섰습니다. 이리하여 중국은 150년 동안 남북조 시대가 열렸습니다.

한 걸음 더!

도교와 불교

중국인의 정신생활에 엄청난 영향을 미친 유 · 불 · 도의 3교 중 도교는, 특히 일상생활에 밀착된 현세적인 종교로서 민중 사이에 침투해 들어갔다.

그 기원으로는 신선술, 음양오행 또는 민간의 잡다한 신앙 등을 들 수 있지만, 태평도나 오두미도의 활동을 계기로 하여 교단이 성립하였고, 남북조, 수, 당 시대에는 국가의 보호를 받고 번영하여 불교와 세력을 겨루었다.

귀족 가운데에도 퍼졌는데, 왕희지 집안의 신앙은 유명하다. 송대 이후에는 교단의 부패가 두드러졌고, 전진교 등의 혁신 운동이 일어났다.

도교는 다신교로서 불로장생을 구하는 것이 근본 목적이다. 그 방법에는 부적, 기도, 단약 복용, 호흡법 등의 도술과 참회 등의 수양법이 있다.

도술은 화학이나 의학 같은 과학 기술의 발달에도 기여하였다. 성직자는 도사, 여관이라고 하며, 도교 사원도 많이 지어졌다. 한국, 베트남, 일본 등지에도 전하여졌다.

도교와 아울러 융성한 것이 불교이다. 불교는 일찍이 한대에 전해졌는데, 4세기 이후 서역의 승려가 찾아와 군주의 보호를 받으며 포교, 경전 번역에 종사하였다.

동진의 법현은 직접 인도에 가서 불법을 공부하였다. 그 밖에 도안, 혜원 등의 고승이 나타나 불교 사원과 불상도 왕성하게 만들어졌다.

*북위
중국 북조의 한 나라로, 선비족인 탁발규가 화북에 건국하였다.
적극적인 중국 동화 정책을 추진했으나, 그 모순 때문에 반란이 일어나 534년 동위와 서위로 분열되었다.

*동진
중국 남북조 시대의 남조의 한 나라이다.
진나라가 멸망한 이듬해 왕족인 사마예가 난징에서 즉위하여 재흥했으나, 420년 유유에게 멸망하였다.

부엉이 모양의 채색 항아리

3 수나라의 통일과 살수 싸움

중국을 통일한 수나라는 율령 반포와 과거 제도 실시로 국가의 기틀을 새로 마련하였으나, 문제의 뒤를 이어 황제의 자리에 오른 양제는 전제 군주로 군림하면서 백성들의 불만을 샀습니다.

그는 정복 사업에 눈을 돌려 고구려를 3차례나 침입하였으나 을지문덕에게 크게 패하였고, 이런 이유 등으로 국력이 쇠진하여 망하고 말았습니다.

을지문덕 장군이 살수에서 강을 건너는 수나라 군사를 섬멸하는 장면(민족 기록화)

국가의 기틀을 다지는 수나라

*문제

중국 수나라의 초대 황제이며, 본명은 양견이다.

581년 북주 정제의 제위를 물려받아 즉위하였고, 589년 남조의 진을 멸망시켜 천하를 통일하였다.

사마염

남북조 시대 이후인 581년 수나라가 나타나 중국을 통일했습니다.

통일을 이룬 황제의 본 이름은 양견으로, 그는 문제*가 되어 장안을 수도로 정하고 '율령'이라는 법률을 만들었습니다. 문제는 과거를 보게 하여 관리를 뽑아 썼는데 이것은 귀족들의 세력이 커지는 것을 막기 위해서였습니다.

수나라의 무사

아, 어쩌지? 생각이 안 나.

이번 과거에는 꼭 붙어야 가장으로서 체면이 서는데.

조금의 의혹도 없이 공정하게 과거를 치러 관리를 뽑도록 하라.

수문제 양견의 초상화

수나라 여성들의 복장

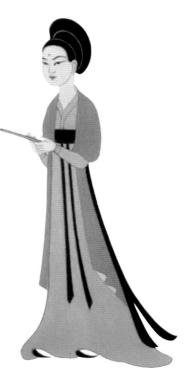

수나라 여성의 초상화

　후한이 멸망한 뒤, 360여 년간 분열되어 혼란을 거듭하던 중국 대륙을 통일한 양견이 바로 수나라의 문제입니다.

*과거 제도

수나라는 중앙 집권 체제를 강화하기 위하여 9품 중정제를 폐지하고 관리 채용 시험인 선거 제도를 실시하였는데, 이를 송대부터 과거라고 하였다.

당대에 정비가 이루어져 수재과, 진사과, 명경과 등의 과목을 두었으나, 송대에 진사과만이 통일되었다.

과거 시험 성적을 보는 선비들

수나라의 문제는 중국 대륙 통일이란 위업을 이룩하고, 그동안 오랜 전란으로 어지러워진 중국을 새 제도로 정비했습니다.

"오랜 전쟁의 먼지를 씻고 새 나라의 기틀을 단단히 다지리라!"

"훌륭한 인재를 골고루 등용하는 일은 나라의 운명을 크게 좌우하는 것이니, 공정한 시험을 치러, 온 나라의 인재를 발굴토록 하라!"

이 제도가 곧 과거 제도*로, 이는 청나라 말기까지 1,300여 년 동안 중국의 인재 등용 제도로 쓰여 왔습니다.

문제의 뒤를 이은 황제는 양제로, 양제는 아버지를 죽이고 황제가 된 패륜아였습니다.

소황후

왕을 잘못 만나니 백성들이 생고생이구먼.

아이고, 내 팔자야. 이렇게 큰 운하를 어느 세월에 판담.

수문제의 아들 수양제

*대운하 건설

대운하는 강남의 곡창 지대와 중원을 연결하는 남북 교통로이자 식량 수송로의 간선으로 건설되었다. 이로써 남북조의 경제적인 통일이 이루어진 것이다.

통제거, 산양독, 강남하, 영제거가 건설되었는데, 앞의 두 운하가 가장 중요하다. 그런데 이 운하들은 춘추 전국 시대로부터 한대를 거쳐 반자연·반인공적으로 된 수로를 수 양제가 보수 확장한 것이다. 현재의 대운하는 전장 1,800킬로미터의 세계 최장의 운하이다.

양제는 백성들을 혹독하게 다스려 백성의 불만은 나날이 커져만 갔습니다.

그는 야심에 불타는 전제 군주로, 자신의 목적을 위해서는 백성의 고통 따위는 아랑곳하지 않았습니다. 그리고 그는 거대한 공사와 무리한 원정도 계속해나갔습니다.

"운하를 파라!"

문제의 아들 양제는 베이징에서 회중까지 이르는 길이 1,400킬로미터의 어마어마한 운하*를 파도록 하였습니다.

이 공사는 진의 시황제가 건설한 만리장성과 비교되는 큰 공사로, 이집트의 피라미드와 함께 세계 3대 토목 공사로 일컬어지고 있습니다.

이 운하를 통해 강남의 곡창 지대에서 생산되는 곡식을 화북 지방 도시로 날랐습니다. 또, 가뭄이 들면 강물을 운하 주변 농토에 대 주었습니다.

북위와 수·당의 균전제 비교

설 명	북 위			수		당	
	노전	상전	마전	노전	상전	구분전	영업전
정남(15세~69세 – 북위 　　18세~59세 – 수 　　21세~59세 – 당)							
정남(丁男)	40 무	20 무	10 무	80 무	20 무	80 무	20 무
중남(16세~20세)							
중남(中男)	—	—	—	—	—	80 무	20 무
노전·구분전은 1대에 한하여,							
영업전은 자손에게 상속됨.							
부 인 (妻)	20 무	—	5 무	40 무	—	—	—
소는 4필까지 지급.							
노 (奴)	40 무	—	10 무	—	—	—	—
상급 관리에게는 직분전 등을							
지급 – 장원 소유.							
비 (婢)	20 무	—	5 무	—	—	—	—
소 (牛)	30 무	—	—	—	—	—	—

왕조	관리 등용법	군사 제도	토지 제도	조세 제도
한	향거 이선	병농일치		전조 인두세
위	9품 중정제		둔전제	
진	9품 중정제		점전· 과전법	호조식
북조	과거제	부병제	균전제	조조제
수	과거제	부병재	균전제	조용조제
당	과거제	부병제 ↓ 모병제	균전제 ↓ 장원	조용조제 ↓ 양세법

도금 앵무무늬 항아리   중국 왕조들의 여러 가지 제도의 변천

수의 통일과 멸망

일단 시작된 재통일의 발걸음은 북위의 분열 이후에도 멈추지 않았다. 이윽고 서위계의 북주가 부병제에 힘을 얻어 동위계의 북제를 정복하였다. 이어 북주의 무인 귀족 양견(문제)이 수 왕조를 세우고, 589년에 남조의 진을 평정하였다.

진의 멸망 이후 약 3백 년에 걸친 분열의 시대는 이로써 끝났다.

수의 문제는 북조의 토지 제도(균전제)와 군사 제도(부병제)를 받아들이는 한편, 중정관을 폐지하고 시험에 의해 관리를 등용하는 과거 제도를 시행하여 문벌 귀족의 특권을 폐지하고, 인재들에게 관리의 문호를 개방하였다. 이와 같이, 수의 재통일은 민족, 지역, 문벌의 구별을 넘어선 신국가를 지향하는 것이었다.

수의 제2대 황제인 양제는, 화북과 강남을 잇기 위해 대운하를 만들어 중국의 남북을 경제적으로 연결하였다.

또한, 호화로운 궁전을 만들게 하는 등, 잇달아 대규모 토목 공사를 일으켰다. 수 양제는 외국 원정에도 힘을 기울여, 북아시아의 돌궐과 동북 방향의 고구려를 공격하였고, 남쪽으로는 인도차이나의 참파와 부남에도 원정군을 보냈다.

그러나 이러한 수의 적극적인 확장 정책과 무리한 대규모 토목 공사는 모든 부담을 지게 된 농민층의 희생 위에서 추진되는 것이었다. 그 때문에 세 번에 걸친 고구려 원정이 실패하자, 농민층의 불만은 반란의 형태로 각지에서 분출되어, 618년 마침내 수는 멸망하였다.

수나라에 건설한 대운하

"폐하, 백성들이 공사로 인한 피로와 추위, 굶주림으로 무더기로 죽어 가고 있습니다."

"짐의 웅대한 꿈을 이룩하기 위해서 수만 명, 아니 수백만 명의 사람이 죽는들 어떠하냐? 중국 대륙에 사람이야 남아돌 정도로 얼마든지 있는 걸……."

오늘날 베트남의 아름다운 자연풍경

수 양제는 백성들의 고단한 생활과 배고픔, 추위에는 아랑곳하지 않았습니다. 오로지 자신의 권력을 키우는 일에만 정신을 쏟았습니다.

수 양제는 정복 사업에도 눈을 돌렸습니다.

"오랑캐를 밀어붙이리라!"

양제는 북쪽의 튀르크 족(돌궐)*을 쳐서 누르고, 남쪽으로는 안남(오늘날의 베트남)*으로 쳐내려 갔으며, 한반도의 고구려까지 넘보았습니다.

돌궐 병사의 장비

오늘날 베트남 거리

> **＊안남**
> 중국인이나 프랑스인 등이 베트남에 대하여 부르는 이름이다. 당나라 때 둔 안남 도호부에서 유래하였다.
>
> **＊돌궐**
> 6세기 중엽부터 약 2세기 동안 몽골 고원에서 중앙아시아에 걸친 곳을 지배했던 터키계 유목 민족이다.
> 6세기 말에 동서로 분열되었는데, 몽골 고원을 지배한 동돌궐은 630년 당나라에 멸망되었다가 재건되었으나 8세기 중엽 위구르에 패망하였다.

지린 성 지린시에 있는 고구려의 장군 묘

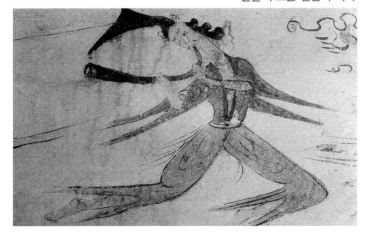
뿔을 부르는 선인의 벽화

먼저 수 문제가 30만 대군을 이끌고 고구려로 쳐들어갔습니다.

"저들은 먼 길을 오느라고 매우 지쳐 있다. 고구려 군사들이여, 수나라 군사들을 꼼짝 못하게 들이쳐라!"

고구려 군사들은 바다와 육지로 침입해 온 수나라 군사들을 용감하게 무찔렀습니다.

이 무렵, 고구려는 돌궐과 동맹을 맺고 전쟁 준비를 서둘러 왔습니다.

살수 대첩과 수나라의 멸망

"돌궐을 항복시켰으니, 이제는 고구려를 쳐서 아버님의 원수를 갚고 대제국을 세우리라!"

문제에 이어 황제가 된 양제는 아버지의 원수를 갚겠다며, 612년 113만 대군을 이끌고 다시 고구려를 쳐들어갔습니다. 먼저 요동성*을 쳤으나 실패했습니다. 해군 또한 대동강으로 침입했으나 패했습니다.

> *요동성
> 고구려의 요진으로, 지금의 랴오닝 성 랴오양 현에 있었다.

고구려 사냥하는 모습의 벽화

을지문덕 장군의 초상화

약이 오른 양제는 수나라에서 소문난 장수 우문술*과 우중문*을 불렀습니다.

"평양성으로 쳐들어가라!"

두 장수는 30만 군사를 나누어 받아 한반도 깊숙이 쳐들어갔습니다. 이때 고구려의 을지문덕 장군은 이런 전법(전쟁 방법)을 썼습니다.

"매일 일곱 번 싸워서 일곱 번 지고, 일곱 번 후퇴하라."

고구려군은 처음에는 그 전법을 이상하게 여겼습니다.

"일곱 번 이겨도 시원찮은데……."

지라고 명령하는 장수는 처음이었던 것입니다. 또 을지문덕* 장군은 백성들에게 다음과 같이 명령했습니다.

중국의 가장 아름다운 호수인 서호

48

뜸을 뜨고 있는 모습을 그린 중국의 풍속화

"적에게 도움이 되는 물건은 모두 성 안으로 옮겨 놓으시오. 그리고 마을의 우물은 하나도 남김 없이 모두 메우시오."

을지문덕 장군은 먼길을 달려온 적을 굶주리고 목마르게 한 다음, 무찌를 생각이었습니다.

멀리서 쳐들어온 수나라 군사들은 피곤하고 배가 고팠습니다. 그래서 "큰 마을에 가서 배불리 먹고 편히 쉬자." 하고 떠들며 진격했습니다.

그렇지만 정작 마을에 도착해 보니 곡식은 고사하고 마실 물조차 없었으며, 집이 부서져서 몸을 쉴 곳도 없었습니다.

을지문덕 장군은 이런 방법으로 적을 기진맥진하게 만들었는데, 이것을 '청야전법'이라고 합니다.

1600년 전의 고구려 벽화

고구려의 기와

＊청천강
　평안북도의 서남부를 흐르는 강으로, 낭림산맥에서 발원하여 황해로 흘러든다.

수나라 군사들은 살수(청천강)＊를 건넜습니다.

"고구려 군사들은 우리만 보면 꽁무니를 빼는구나. 하하하……."

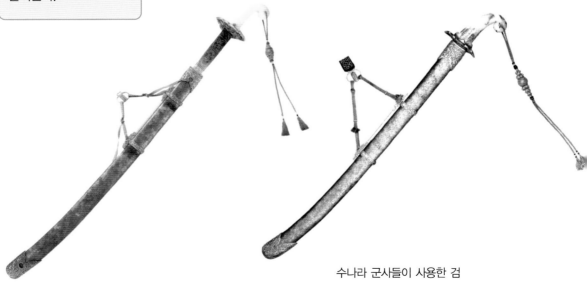
수나라 군사들이 사용한 검

을지문덕 장군은 강 여러 곳에 모래 둑을 쌓고 뗏목 양쪽 끝을 날카롭게 깎아 놓았습니다.

그들은 더욱 빠른 속도로 추격 작전을 벌여서 점점 지쳤습니다. 식량이 떨어지고 화살도 떨어졌다는 보고를 받은 수나라 장수는 지쳐서 더는 어찌할 수가 없었습니다.

"후퇴하라."

수나라 군사들은 온 길을 맥없이 되돌아가기 시작했습니다.

평양성

이것이 우리 전술인지도 모르고 제대로 걸려들었구나.

"고구려 군사들은 한 놈도 보이지 않는구나. 모두 숨어서 우리가 굶어 죽기를 바라는 모양이다."

그들은 다시 살수를 건너기 시작했습니다.

"이때다! 적을 뒤쫓아가서 먼저 살수 맞은편에 숨어 있도록 하라."

군사들이 반가량 강 한복판에 이르렀을 때 별안간 상류에서 물벼락이 쏟아져 내렸습니다. 모래로 막아 놓았던 둑이 터져서 강물이 마구 쏟아져 내리는 것이었습니다.

"으아악……."

을지문덕 장군이 막아 놓은 강물은 모래 둑을 허물고 끝없이 불어났습니다.

"뗏목 창이 떠내려온다! 악!"

고구려의 기사

방심하지 말고, 한 놈도 도망치지 못하게 하라!

고구려 미인도

*살수대첩
612년(영양왕 23년)에 고구려가 수나라 200만 대군의 침공을 격퇴하고 승리를 거둔 싸움이다.
특히 수 양제의 별동대 30만 대군은 을지문덕 장군의 유도 작전에 말려들어, 살수에서 겨우 1천여 명만 남고 몰살되었다. 그 후에도 양제는 2, 3차에 걸쳐 고구려 원정길에 올랐으나 실패하여 수나라는 결국 멸망하고 말았다.

강을 막을 때 나무를 엮어 톱니처럼 뽀족하게 만든 뗏목이 강물을 타고 떠내려왔는데, 나무마다 뽀족하게 깎은 뗏목이 적을 푹푹 찔렀습니다.

고구려의 투각한 금동 공예품

뗏목은 상어의 이빨처럼 수나라 군사들을 공격했습니다.

살수 양쪽 강변에 숨어 있던 고구려군은 비가 쏟아지듯이 화살을 날렸습니다. 그래서 강을 무사히 건넌 적들도 쓰러졌습니다.

이 살수 싸움으로 살아 돌아간 수나라 군사는 30만 명 중 겨우 2,500명 정도밖에 안 되었습니다. 이 싸움을 '살수대첩'*이라고 합니다.

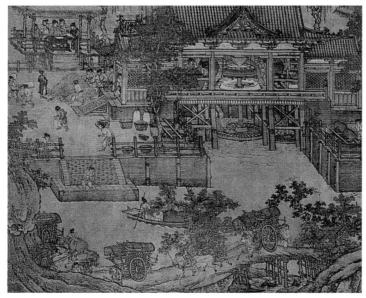

수력 제분소 광경

고구려의 군대 행진 벽화

수나라는 그 뒤에도 613년에 제2차 침입을 하였으며, 이듬해 제3차 침입을 하였지만 세 차례 모두 고구려에 번번이 패하였습니다.

이 전쟁으로 수나라의 경제가 바닥이 난 것은 물론이었습니다. 수나라는 결국 반란이 일어나서 29년 만에 망하고 말았습니다.

수나라 시대의 부장품

4 번영을 누린 당나라

'정관의 치'로 불리는 황금시대를 연 당 태종은 '율령격식'이라는 법률을 만들어 나라를 잘 다스렸습니다.

한편, 당나라 소정방이 이끄는 나·당 연합군은 삼국을 통일하는 데 큰 역할을 하였습니다.

그러나 황소의 난이 일어남으로써 당나라는 멸망하게 되었습니다.

중국 심양의 고궁

중앙 집권을 다지는 당 태종

중국에 당나라가 세워졌습니다.

이연, 이세민 부자(아버지와 아들)가 이룩한 이 나라는, 이연이 당나라의 황제인 고조로 불렸습니다.

고조에게는 아들이 있었는데, 그 둘째 아들의 이름이 이세민으로, 형을 죽이고 황제 자리에 올랐습니다.

그가 바로 당 태종으로, 당나라를 안정된 반석 위에 올려놓아 '정관의 치'로 불리는 황금시대를 연 인물입니다.

이세민은 당나라 태종이 된 후, 율령 격식＊이라는 법률을 만들어 정치 제도 등을 자세하게 명시하였고 이 법률을 통하여 나라를 다스렸습니다.

어렵게 왕위에 오른 만큼 꼭 당나라를 부강한 나라로 만들리라.

당나라의 개국 황제 당고조(이연)

당태종 황제의 초상화

"중앙 정치를 이, 호, 예, 병, 형, 공의 6부로 정하노라."

이 정치 제도는 그 뒤 청나라 시대에 이르기까지 중국의 기본법률이 되었으며, 우리나라(조선)와 일본 등에도 쓰였습니다.

또, 균전법을 만들어 땅이 없는 농민들에게 농사지을 땅을 나누어 주고, 18세 이상의 남자에게는 일정한 땅을 주어 살게 하였습니다.

당 태종은 영토도 늘려서 동쪽으로 요동 반도, 서쪽으로 중앙아시아, 북쪽으로 시베리아, 남쪽으로 인도차이나 반도에 이르는 큰 나라를 이루었습니다.

시베리아 평원

당나라는 여러 가지로 한반도와 관계가 깊었습니다.

'정관의 치'는 당나라 제2대 태종의 치세를 그 연호를 따서 일컫는 말입니다.

인도차이나 반도에 있는 태국의 수도 방콕

요동 반도 남쪽에 있는 대련

태종은 드물게 뛰어난 황제로서 인재를 널리 구하여 안으로는 균전제, 부병제＊, 과거 제도를 바탕으로 율령에 의한 지배 체제를 굳건히 하고 중앙 집권제의 기틀을 마련했으며, 밖으로는 주변 국가를 정복하여 당 제국의 세력을 넓혔습니다.

신라의 김유신 장군

태종의 위업을 이어받은 당의 제3대 황제는 고종입니다. 고종은 신라와 연합군을 결성해 백제와 고구려를 차례로 멸망시켰습니다.

셴양 시 첸링의
길에 세워진 돌로 만든 사람

그대의 당나라군이 도와준다면 우리 신라가 삼국을 통일하는 데 큰 힘이 될 것이오.

산시 성 셴양 시에 있는 고종 황제의 묘지 첸링

즉, 신라의 김유신 장군과 당나라 소정방*이 이끄는 나·당 연합군은 660년 백제를 멸망시키고 668년에는 고구려를 멸망시켰습니다. 신라가 삼국을 통일하는 데는 당나라의 힘이 크게 작용하였습니다.

그 뒤 당나라는 한때 황제 자리다툼으로 어지럽다가 712년 현종 황제가 나라를 잘 다스려서 눈부시게 발전했습니다. 이 무렵, 서울 장안은 인구 1백만을 자랑했습니다.

*소정방
중국 당나라 때의 장군으로, 660년에 백제에 쳐들어와 신라군과 합세하여 의자왕과 태자 융을 사로잡았다.
그 후 고구려 서울을 포위했으나 큰 눈으로 인하여 실패하였다.

당의 제3대 황제 당 고종

당나라의 현종 황제

중국 황제에게 공물을 바치는 주변 이민족들의 조공 행렬

당의 관제

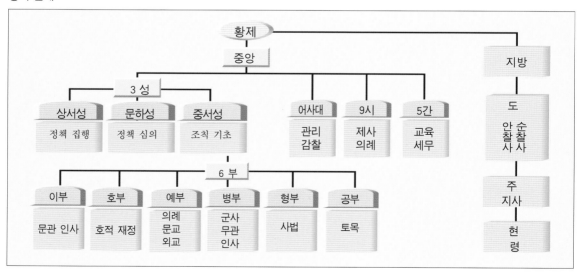

각 나라 사람들이 장안*에 모여들었고 서양 문화가 들어와서 중국 문명과 조화를 이루기도 하였습니다.

"우리 사람, 의자에 앉아 지내서 편해졌어."

이 무렵부터 중국인들은 의자 생활을 하였는데 '호상'이라는 것이 처음 나타난 의자입니다. 채소 오이도 이 무렵에 들어왔습니다.

당을 건국한 고조 이연

당의 태종 이세민

*장안

오늘날의 산시 성 성도인 시안(서안)의 옛 명칭으로, 위수 분지의 중심 도시이다.

전한의 도읍이 된 이후 당대까지 8회에 걸쳐 도읍이 되었다. 당대의 장안은 동서 약 10킬로미터, 남북 약 8킬로미터의 대흥성을 중심으로 계획적으로 조성된 도시로, 8세기 전반기 현종 때에는 인구 100만에 달했고, 발해, 신라, 일본, 아라비아, 튀르크, 인도 등지로부터 많은 사람들이 왕래하는 국제 도시로 성장하였다.

시장에는 남방과 서역의 수입 상품들이 즐비했고, 서방의 종교 사원들도 건립되어 이국적인 정서가 넘쳤다.

당나라 장안성

불교의 발전과 문학의 융성

현장 동상

　이 무렵에 중국에 불교 경전이 처음으로 전래되었습니다.

　현장과 의정 스님이 천축(인도)에 가서 석가모니의 가르침이 담긴 경전을 가져옴으로써 당나라 이후에 불교가 발전하게 된 것입니다.

당나라의 승려 현장

　현장은 1,350권의 경전을 중국어로 번역해 내었습니다. 또 인도에서 17년 동안 보고 들은 이야기를 썼는데 이 책이 〈대당서역기〉＊입니다.

나는 구름을 타고 도술을 부리는 손오공님이시다!

모두 길을 비켜라! 삼장 법사님을 모시는 저팔계가 나가신다.

오승은이 지은 장편 신괴 소설 '서유기'

당나라의 의정 스님

〈서유기〉*에 나오는 손오공, 사오정, 저팔계가 모신 현장 법사가 바로 그 스님입니다.

이것은 현장의 여행 이야기를 우습고도 재미있게 꾸며 낸 책입니다. 이 책에서 손오공 일행은 도깨비나 악마에게 고난을 겪으면서도 신비한 도술을 부려 대활약을 합니다.

불교뿐만 아니라 크리스트교와 이슬람교도 이때 당나라에 들어오게 되었습니다.

> *〈서유기〉
> 중국 명나라 때 오승은이 지은 장편 신괴 소설이다. 당나라의 승려 현장이 황제의 칙명으로 불경을 구하러 손오공, 저팔계, 사오정을 데리고 인도로 가는 도중 수없이 고난을 당하면서도 마침내 목적지에 도달하여 그 공적으로 부처가 된다는 내용이다.

시를 짓고 있는 이백

당나라 때에는 이름 높은 시인들도 많았습니다.

이백*은 '시선(시의 신선)'이라고 불렸는데 호가 태백이어서 '이태백'으로도 유명해졌습니다.

'달아, 달아, 밝은 달아, 이태백이 놀던 달아' 하는 것은 그 때문입니다.

시를 읊고 있는 이백

하하, 고운 달이 강물에 빠졌네.

'시신'이라 불리는 당나라 시인 이백

'시성'이라 불리는 시연 두보

이백은 술과 함께 달을 무척 좋아했습니다. 그는 방랑 생활을 하며 좋은 시를 많이 썼습니다.

하루는 강남에서 배를 타고 술을 마시던 이백은 강물에 비친 달을 보고는, "앗, 달이 물에 떨어졌네! 건져 내야지."

하고, 강물에 비친 달을 향해 몸을 던져 죽었다고 전해집니다. 술에 취해 물속에 비친 달을 잡으려고 하다가 물에 빠져 죽은 것입니다.

이백과 같은 시대의 뛰어난 시인 중의 한 사람이 두보* 입니다. 그는 '시성(시의 성인)'으로 불립니다.

*두보
중국 당나라 때의 시인으로, 인간의 슬픔을 노래하였다. 중국 최고의 시인으로 '시성'이라 불리며, 이백과 더불어 '이두'라 일컬어진다.

시를 쓰고 있는 두보

시 짓기에 빠져 있는 두보

"이 세상에 이두만큼 훌륭한 시인은 없어!"

사람들은 이백과 두보를 가리킬 때 '이두' 라고 하였습니다. 이두 뒤에 나타난 백거이도 훌륭한 시인입니다.

말에 오르는 양귀비

백거이는 자가 낙천이므로 백낙천이라고도 불리는데 그는 아름다운 시를 많이 지었습니다.

당나라를 잘 다스리던 현종은 '양귀비' 라는 아름다운 여자에게 정신이 팔렸습니다. 그로 인해 나랏일을 뒷전으로 물리자 여기저기에서 반란이 일어났습니다.

이때부터 당나라는 기울기 시작했으며, '황소의 난' 이 일어났습니다. 정치가 말할 수 없이 부패했기 때문에 많은 농민들이 일어난 것이었습니다.

황소의 난

중국 고대 4대 미녀의 한 사람인 양귀비

장시 성 주장 시에 있는 백거이 조각상

5대 10국의 미녀 왕씨
당명종의 부인

당나라 벽화

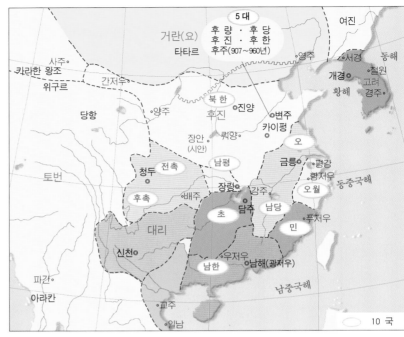

5대 16국

여자에게 빠져
나랏일은 나 몰라라 하는 왕은
더 이상 필요 없다!

황소의 난은 875년부터 10년에 걸쳐 소금 암거래상인
황소 등이 이끈 농민들이 일으킨 난입니다.

거의 전국을 휩쓴 이 난은 당나라가 멸망하는 데 결정적
인 원인이 되었습니다.

안·사의 난 이후 소금을
나라에서 도맡아 팔아 나라 살
림의 반 이상을 여기에 의존하였
고, 가난한 백성들은 때마침 흉년이 들
자 떠도는 난민과 함께 난을 일으
킨 것입니다.

결국, 당나라는 후량의 주전충에게 망하고 말았습니다.

그 뒤, '5대 10국 시대'가 이루어졌습니다.

이때는 군인들이 서로 작은 나라를 세워 다투던 시기로, 화북 지방에 다섯 나라와 여러 지방에 열 나라가 생겼다고 하여, 5대 10국이라는 말이 생겨났습니다.

이 무렵, 우리나라는 삼국을 통일했던 통일 신라가 망하고 왕건이 고려를 세우려고 했던 때였습니다.

안사의 난으로 죽음을 당한 양귀비

당나라 군사의 갑옷

73

5 주자학이 일어난 송나라

후주의 왕 조광윤은 군사를 모아 힘을 기르고, 거란과 화친을 맺어 나라의 안정을 도모하였습니다.

그리고 왕안석의 도움으로 안정을 찾아 갔으나, 그는 결국 내몰리고 말았습니다.

한편, 공자의 가르침을 모아 완성시킨 주자학은 주희에 의해 발전되었고, 우리나라 고려 시대에 들어와 조선 시대에 자리를 잡았습니다.

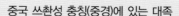

중국 쓰촨성 충칭(중경)에 있는 대족

74

송의 건국과 거란의 침입

송의 태조 조광윤

후주는 화북 지방에서 일어난 다섯 나라 중의 한 나라였습니다. 그 후주의 왕 조광윤*이 다른 나라를 아우르고 송나라를 세워 태조가 되었습니다.

'당나라가 망한 것은 군사들이 외적의 침입을 막기 위해 각 지방에 있었기 때문이야.'

하나 성 카이펑시에 있는 관청

송 태조는 군사들을 모두 서울인 카이펑으로 불러모아 황제의 힘을 강하게 하였습니다.

그러자 이번에는 다른 나라, 특히 거란의 침입이 잦아졌습니다. 1004년, 송나라는 할 수 없이 거란과 형제의 의를 맺어서 공물로 은과 비단을 바쳤습니다. 그러므로 나라의 살림이 흔들거리는 것은 당연한 결과였습니다.

하난 성 카이펑시에 있는 철탑

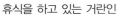

휴식을 하고 있는 거란인

신법을 제정하여 개혁을 단행한 왕안석

왕안석의 초상화'

북송의 제6대 황제 신종

*신종

중국 북송의 제6대 황제로, 이름은 조욱이다. 왕안석의 신법을 채용하고, 제도, 교육, 과학 등의 개혁을 실시했으나, 이후 신법과 구법을 둘러싼 당파 싸움이 반복되는 원인이 되었다.

신종* 황제는 똑똑한 왕안석을 뽑아서 나랏일을 맡겼습니다.

"보마법을 마련하시옵소서."

왕안석이 주장했습니다. 전쟁 때에는 말이 많이 필요한데 그 말을 모두 나라에서 기르려면 돈이 많이 듭니다. 그래서 말을 백성들이 길러서 평소에는 쓰게 하였다가 전쟁이 일어나면 거두어 쓰자는 것이었습니다.

안후이 성 차오후 시에 있는 왕안석의 조각상

이 밖에도 왕안석은 많은 법을 만들어 내었습니다.

청묘법은 가난한 농민에게 돈을 빌려 주는 법이고, 시역법은 장사꾼들에게 싼 이자로 돈을 빌려 주는 법이며, 모역법은 직업이 없는 이들에게 일자리를 마련해 주는 법입니다.

이런 법을 써서 차차 나라가 안정되어 갔습니다. 그렇지만 부자들과 관리들이 짜고 왕안석을 몰아내었습니다.

북송의 마지막 황제 흠종

12세기 초에 휘종은 여진족과 손잡고 그동안 송나라를 괴롭힌 요나라를 쳐서 멸망시켰습니다. 요나라는 거란족이 세운 나라였습니다.

휘종 황제는 그림 솜씨가 매우 뛰어났습니다.

〈도구도〉는 오늘날에도 남아 있는 휘종의 작품입니다. 이것은 흰 꽃이 피어 있는 복숭아나무 가지에 가슴이 부풀어 오른 비둘기가 앉아 있는 그림입니다.

휘종 황제의 초상화

1127년 금나라가 송나라의 서울 카이펑을 짓밟고 휘종과 왕비, 태자를 만주로 납치해 가는 사건이 일어났습니다. 이것을 '정강의 난'*이라고 합니다.

그러자 송나라 조정에서는 양쯔 강 남쪽으로 피해 난징에서 휘종의 아들인 강왕을 황제로 삼았습니다.

＊정강의 난
북송의 정강 연간에, 금나라 군사가 수도 개봉을 함락시키고 휘종, 흠종을 비롯하여 3천여 명을 포로로 하여 북으로 돌아간 사건이다.
이 결과 북송은 멸망하였다.

휘종 황제의 작품 '도구도'

난징에 있는 양쯔 강 대교

주희가 발전시킨 주자학

이 송나라를 남쪽에 있다 하여 '남송'이라 하고, 이 전의 송나라를 '북송'이라고 하였습니다. 남송은 해마다 금나라에 재물을 바쳐야 했습니다.

이 무렵부터 중국의 산업은 물론 문화가 강남 중심으로 발달했습니다.

*당 · 송 8대가

당대의 한유, 유종원과 송대의 구양수, 소순, 소식, 소철, 왕안석, 증공 등 8명의 문장가를 말한다. 전한의 산문 계통의 문장을 본받아 한유와 유종원은 고문의 부흥을 일으켰다.

주희

공자의 가르침을 집대성해 꼭 학문을 완성하리라.

버드나무를 감상하는 구 양수

무엇보다도 주자학이 일어나 활기를 띠었는데, 이것은 공자의 가르침을 모아 완성시킨 유학으로서 송나라의 주희가 발전시킨 학문입니다.

우리나라에도 고려 말경에 주자학이 들어와서 조선 시대 때 이퇴계, 이율곡에 의해 탄탄히 자리가 잡혔습니다.

〈논어 집주〉의 초고

계림 시에 있는 류종원 조각상

6 세계에 자랑할 만한 중국의 4대 발

송나라 때 가장 먼저 발명해 낸 화약과 나침반, 인쇄술, 그리고 한나라 때 채륜이 발명한 종이를 가리켜 '중국의 4대 발명'이라고 말합니다.

종이의 발명은 인쇄술의 발명을 가져왔으며 또한, 나침반의 발명은 바다를 항해하는 선원이나 물건을 사고파는 상인들에게 꼭 필요한 기구가 되었습니다.

죽간을 만드는
과정을 그린 그림

84

채륜의 종이 발명

화약

나침반

화약, 나침반은 송나라＊가 세계에서 제일 먼저 발명해 냈고, 인쇄술 또한 이때 발전시켰습니다.

여기에 한나라 때 채륜이 세계 최초로 발명한 종이를 합쳐 중국의 4대 발명이라고 일컫습니다.

종이는 105년에 채륜이 발명하였는데, 이전에는 종이가 없어서 '간'이라는 것을 사용했습니다. 이것은 대나무를 얇게 깎아 불에 쬐어 기름을 뺀 것인데 여기에 글씨를 썼습니다.

또, '판'이라고 하여 나무판에 글자를 새겨 넣기도 하였습니다. 지금도 쓰고 있는 말 중에서 '서간'이나 '출판'이라는 말은 당시의 나무판에 새겨 넣은 글자를 나타내는 말입니다.

이 밖에도 종이 대용품으로 천(명주나 비단)을 사용해 왔습니다. 대 또는 나무판을 노끈이나 가죽으로 묶어 두루마리로 썼기 때문에 책의 수를 말할 때 '한 권, 두 권……' 하고 세는 것입니다.

붓과 먹이 발명되고 난 뒤, 대쪽이나 나무판에 글자를 써서 책을 만드는 데에는 많은 품삯이 들 뿐만 아니라 갖고 다니기에도 불편했습니다.

종이가 없어 사용하던 '간'

드디어 만들었어!
누구나 편리하고
값싸게 글을 기록할
수 있는 종이를 말이야.

먹을 가는데 사용한 벼루

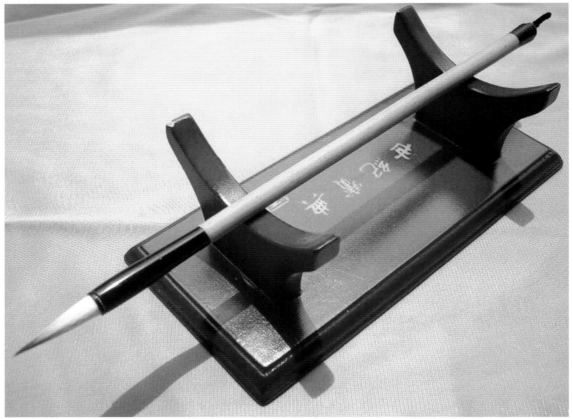

글을 쓰는 데 사용한 붓

채륜*은 후한의 화제라는 임금을 받들고 있었습니다.

'더욱 편하고 값싼 데에 글자를 쓸 수는 없을까?'

이런 생각을 한 채륜은 자기가 직접 발명해 내리라고 결심하였습니다. 그렇지만

후한의 황제 화제

이 일은 뜬구름을 잡는 일처럼 막막하였습니다.

채륜은 실패에 실패를 거듭하였는데, 나무껍질, 삼베 조각 따위를 삶아 그것을 떠 말려 보다가 종이를 만들었습니다.

황제는 너무나 기뻐서 종이를 만든 채륜에게 지방 장관 벼슬을 내렸습니다.

지방 장관을 '후' 라 하였으므로 성씨인 '채' 와 '후' 를 따서 채륜이 발명한 종이를 '채후지' 라고 하였습니다. 이것은 지금 우리가 쓰고 있는 종이와는 비교할 수 없을 만큼 보잘것없는 것이었지만, 이 채후지는 세계 최초로 만들어진 종이였습니다.

＊채륜
중국 후한의 환관으로, 종이 제법의 대성자이다. 수피, 마포, 어망 등으로 종이를 만들어 원흥 원년에 화제에게 바쳤다고 하며, 그 종이는 채후지로 불린다.

채륜

대나무로 만든 죽간

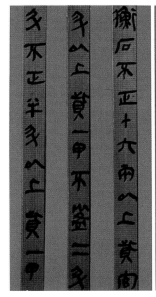

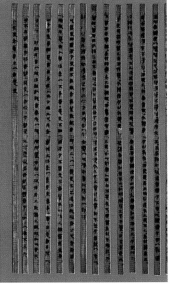

인쇄술과 화약,
나침반의 발명

종이가 발명되자 이와 더불어 책을 만들기 위한 인쇄술까지 발전했습니다.

화약의 발명은 뜻밖의 일에서 비롯되었습니다. 늙지 않고 오래 사는 약인 불로초를 만들려고 하다가 초석에 불이 잘 붙는 성질이 있다는 것을 알게 되어 화약을 발명하게 된 것입니다.

한황의 〈오우도〉

활자 인쇄술의 과정

오늘날의 나침반(지남침)

또, 송나라 때에는 나침반*이 발명되었습니다.

자석이 남북 방향을 가리키고 쇠붙이를 끌어당긴다는
사실을 중국에서 안 것은 기원전 300년 무렵이었습니다.

그것을 이상히 여기고 꾸준히 연구한 결과 나침반을 발
명해 냈습니다.

나침반은 바다에서 항해하는 항해자는 물론, 여행자나
상인들에게 꼭 필요한 기구가 되었습니다.

*나침반
선박이나 항공기에서
방향이나 위치를 측정하
기 위한 장치이다.
자침이 남극과 북극을
가리키는 성질을 이용한
기구이다.

4대 발명품인 종이, 인쇄술, 화약, 나침반은 아라비아를 거쳐 서양으로 전해졌고, 서양의 문화에 많은 영향을 미쳤습니다.

이 네 가지 발명품은 인류 문화에 크게 이바지하여 오늘날에도 중국인들이 큰 자랑거리로 여기고 있습니다.

둔황의 석굴 벽화

세계사 부록

① 간추린 역사 마무리

② 세계사 연표

③ 이 시대의 세계는

남조의 귀족 문화

남조의 예술은 정치의 제약으로부터 벗어나 그 아름다움을 추구하였다. 문장에서도 화려한 사륙 변려체라는 형식이 발달하였고, 시에서는 오언, 칠언의 율동적인 단시형이 유행하였다.

한자의 글씨체도 실용적인 예서체로부터, 쓰는 이의 심정을 자유로이 표현할 수 있는 해서, 행서, 초서의 세 가지 서체가 발달하였다. 그림에서는 인물을 개성적으로 그리고, 또 소재를 산수에서 취하는 경향이 나타났다.

당시의 문화 가운데 특히 동진, 남조의 문화가 세련미를 띠었다. 화북에서 가꾸어진 귀족적인 정

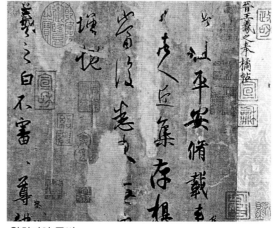
왕희지의 글씨

신이 강남의 온화하고 섬세한 풍광에 녹아들고 융화되어 자유롭고 고상한 경지를 이끌어 내었다.

산수시의 사영운, 도연명, 서예의 왕희지, 왕헌지 부자, 동진의 화가 고개지 등의 작품이 이를 잘 나타내고 있다.

당의 건국과 제도의 정비

당나라를 건국한 고조 이연

수 왕조의 무인 귀족이었던 이연은 수의 도읍 장안을 점령하고, 당나라를 세웠다. 제2대 태종은 군웅을 평정하고 적극적으로 인재를 등용하였으며, 민중의 부담을 줄이는 등 내정에 힘써 이른바 '정관의 치' 라고 하는 전성기를 이룩하였다.

당은 건국 이듬해인 619년에 제정된 조용조법을 시작으로 제도 정비에 착수하고, 수나라의 제도를 대부분 받아들여 강력한 중앙 집권제의 정치를 시행하였다.

중앙 관제로는 중서성, 문하성, 상서성의 3성과 상서성 밑에 6부가 행정 업무를 분담하는 3성 6부 제도가 운영되어 주변 나라의 정치 제도에 영향을 주었다. 지방은 대행정 구획으로서 10도로 나누고 순찰사를 파견하였다. 도 밑에는 약 350개의 주, 약 1,550개의 현을 두었다.

송의 통일과 문치주의

960년 카이펑에 도읍하여 송을 세운 태조는 동생 태종과 함께 꾸준히 화남 정벌을 단행하여, 997년에 북한을 멸함으로써 중국의 통일을 완성하였다.

송의 태조 조광윤

태조는 건국 초기부터 문치주의를 채용하여, 당나라 이래 5대까지의 군인 중심의 절도사 체제를 문관 관료를 중심으로 하는 주현제로 되돌렸다. 이와 함께 우수한 병력을 황제 직속으로 재편하여 중앙에 집결시켰다.

송은 문관 우대의 문치주의와 아울러 황제의 재결권 장악, 과거 제도의 개혁을 통한 관료 제도 정비, 그리고 군주 독재 체제를 확립하였다.

송의 무인 억압과 철저한 문치주의는 북방 민족의 침략을 초래하여 요, 서하와 각각 굴욕적인 평화 조약을 맺어야 했다. 대외적인 평화는 국내의 경제, 문화의 발전을 촉진하여 제4대 인종 시대에는 북송의 황금기를 이루기도 하였다.

송의 문화

송은 북방 민족의 침입에 대항하면서 중국의 전통문화를 지켰으며, 생산력 향상과 상업의 발달은 서민 생활을 향상시켜, 다양한 서민 문화가 발전하였다.

송대 여성의 생활을 그린 〈양잠도〉

유학은 당나라 이전까지 고전의 주석이 중심을 이룬 훈고학이 주류를 이루었고 문학에서는 서민들이 즐기는 산문이 가사, 소설, 수필로 유행하였으며, 구양수, 소식 등이 활약하였다.

그림에서는 휘종 시대에 전성기를 이룬 화원 중심의 원체화(북화)와 사대부와 승려들이 즐겨 그린 산수화, 화조화 등이 유행하여 이를 문인화(남화)라 하였다. 청자, 백자 등은 오늘날에도 높이 평가되고 있다. 이 시대에는 과학 기술의 발달도 두드러졌으며, 화약과 나침반이 발명되었다.

1158	신성 로마 제국의 프리드리히 1세, 제2차 이탈리아 원정에 나섬.
1160	일본, 후지와라노 시대가 끝나고 헤이지 시대가 시작됨.
1161	금, 거란인이 반란을 일으켜 변으로 천도함.
1163	프랑스, 파리에 고딕 양식의 노트르담 대성당 건립을 시작함.
1164	금, 여진 문자로 〈경사〉를 번역함. 잉글랜드의 헨리 2세, 〈클래런던법〉을 제정하여 주교에 대한 국왕의 재판권을 확립함.
1167	잉글랜드, 옥스퍼드 대학을 창립함. 이탈리아, 롬바르디아 도시 동맹(피렌체, 베네치아, 피사, 밀라노, 제노바 등)을 결성하여 신성 로마 제국 프리드리히 1세에 대항함.
1169	동칼리프의 이븐 루시드, 아리스토텔레스의 작품을 아랍 어와 라틴 어로 번역함. 잉글랜드의 헨리 2세, 아일랜드 정복을 시작함. 키예프 공국, 키예프 공국이 몰락하고 그 자리에 여러 공국이 생김. 이집트, 수니파의 아이유브 왕조가 일어남.
1170	프랑스, 파리 대학 개교함. 잉글랜드, 헨리 2세와 대립하던 캔터베리 대주교 토머스 베케트가 암살됨. 신성 로마 제국의 아룬하이트, 〈트리스탄과 이졸데〉를 저술함.
1174	잉글랜드, 캔터베리 성당을 재건함. 이집트의 아이유브 왕조, 예루살렘 탈환을 위해 출발함.
1175	잉글랜드, 런던교를 착공함. 스코틀랜드의 윌리엄 2세, 헨리 2세에게 항복함. 아프가니스탄 구르 왕조의 술탄 무함마드, 인도 정복 시작함.
1176	남송의 주희, 백록동 서원을 중건할 것을 청함.

프리드리히 1세

영국의 옥스퍼드 대학

런던의 명물 런던교

신성 로마 제국의 프리드리히 1세,
롬바르디아 도시 동맹군과
벌인 전쟁에서 패배함.

1177 남송의 주희, 〈사서집주〉를 완성함.
신성 로마 제국의 프리드리히 1세,
교황 알렉산더 3세와
베네치아에서 화의함.

1180 동로마, 베네치아에 대해 통상 특권을 연장해 줌.
프랑스, 필리프 2세가 즉위함.

1186 가즈니 왕조, 북인도를 점령한
구르 왕조에 멸망함.

1187 이집트 아이유브 왕조의 살라딘, 예루살렘 왕국군을
격파하고 예루살렘을 탈환함.

1188 몽골의 테무친, 몽골부 칸에 오름.

1189 잉글랜드, 리처드 1세 즉위함.

1191 신성 로마 제국, 〈니벨룽겐의 노래〉를 만듦.

1194 신성 로마 제국의 하인리히 6세,
제2차 이탈리아 원정에 나서
시칠리아 섬을 정복함.
프랑스, 샤르트르 대성당을 건립하기 시작함.

1199 잉글랜드, 리처드 1세 죽고 존 왕 즉위함.

1202 교황청의 인노켄티우스 3세,
동서 교회의 재통일을 지향하고
제4차 십자군을 제창함.

1203 유럽, 십자군이 콘스탄티노플을 포위함.

1205 베네치아, 볼로냐 대학이 번성함(학생 1만 명).

1208 몽골의 칭기즈 칸, 원정을 시작함.

1209 잉글랜드, 케임브리지 대학을 설립함.

1229 몽골, 오고타이가 황제가 됨.

1235 프랑스, 노트르담 대성당을 완공함.

1241 신성 로마 제국, 한자 동맹이 성립됨.

1248 신성 로마 제국, 쾰른 대성당 건설을 시작함.

존 왕 상

〈니벨룽겐의 노래〉

노트르담 대성당

(기원전 4300~기원전 1225년)

이 시대의 세계는

교황 인노켄티우스 3세(1160~1216년)
1190년에 추기경, 37세 때 교황이 된 후에는 학문적 소양과 현실적 정신을 아울러 갖춘 유능한 교황으로서 교회를 지도하는 데 수완을 발휘했다. 그는 그레고리우스 7세의 교황권 절대주의를 계승하여 교황령의 실지 회복을 위해 힘썼다. 그리하여 그의 시대에 교황 정치는 절정기에 도달했다.

유럽

아시아

아프리카

인도양

한자 동맹의 중심 도시인 뤼베크

오스트레일리아

볼로냐 대학의
수업 광경

이집트 아이유브 왕조의 시조 살라딘(1138~1193년)
이집트 아이유브 왕조의 창시자이다. 1169년에 이집트 파티마 왕조의 재상이 되었다. 1171년에 파티마 왕조를 무너뜨리고, 아바스 왕조의 칼리프로부터 술탄(황제)의 칭호를 받았다. 그 후 시리아, 이집트, 메소포타미아를 쳐부수고 광대한 제국을 건설하였다.

북아메리카

태평양

대서양

남아메리카

주희(1130~1200년)
중국 남송 때의 유학자로, 주자학을 집대성한 사상가여서 흔히 주자라고 불린다. 주희 등의 학문은 도학과 나란히 일컬어지고, 유학의 정통이라 하여 존중되었으며, 원대 이후 청나라 말에 이르기까지 관학으로서의 권위를 유지했다.
주요 저서로는 〈사서집주〉, 〈근사록〉, 〈자치통감강목〉 등이 있다.

몽골 병사의 화살통

몽골인의 집

칭기즈 칸(1167?~1227년)
몽골 제국의 건국자이며, 중국 원나라의 태조이다. 어렸을 때 아버지가 살해되어 부족들은 뿔뿔이 흩어지고, 그는 어머니, 동생들과 고생을 거듭하며 자랐다. 자라면서 부하 통솔에 뛰어난 재능을 보여 흩어진 부족을 다시 모아서 전 몽골 부족에 의한 대제국 건설의 기초를 닦았다.

〈세계사 이야기〉 관련 홈페이지

골말의 역사 교실 http://history.new21.net

공자를 찾아서 http://nagizibe.com.ne.kr

김제훈의 역사가 좋아요 www.historylove.com

대영 박물관 www.thebritishmuseum.ac.uk

독일 정보 www.nobelmann.com

러시아 우주 과학회 www.rssi.ru

루브르 박물관 www.louvre.fr

링컨(백악관) www.whitehouse.gov/history/presidents/al16.html

메트로폴리탄 미술관 www.metmuseum.org

버지니아 대학 도서관 http://etext.virginia.edu/jefferson

사이버 스쿨버스 www.cyberschoolbus.un.org

서양 미술 사학회 www.awah.or.kr

소창 박물관 www. sochang.net

영국의 왕실 공식 사이트 www.royal.gov.uk

유엔(UN) www.un.org

이슬람 소개 www.islamkorea.com

인도의 독립 운동가 간디를 소개하는 사이트 http://mkgandhi.org

정재천의 함께하는 사회 교실 http://yuksa.new21.org

제1차 세계 대전의 원인, 주요 전투, 관련 인물, 연대표 수록
http://firstworldwar.com

주한 독일 문화원 www.gothe.de/seoul

주한 중국 문화원 www.cccseoul.org

주한 프랑스 문화원 www.france.co.kr

중국의 어제와 오늘 www.chinabang.co.kr

차석찬의 역사 창고 http://mtcha.com.ne.kr

한국 서양사 학회 http://www.westernhistory.or.kr

한국 셰익스피어 학회 www.sakorea.or.kr

한국 프랑스 사학회 http://frenchhistory.co.kr

🗿 우리 땅 넓은 땅
세계사 이야기 (전34권)

1. 인류 역사의 새벽
2. 피라미드를 세운 이집트 문명
3. 인더스 강에 일어난 인더스 문명
4. 황하에 일어난 중국 문명
5. 서양 문화의 산실 고대 그리스
6. 대제국을 건설한 알렉산드로스 대왕
7. 고대 로마 제국의 건국과 발전
8. 카이사르와 로마 제국
9. 네로와 크리스트교의 박해
10. 로마 제국의 분열과 쇠망
11. 유럽 세계의 형성
12. 가톨릭의 발전과 이슬람 세계
13. 다시 통일되는 중국
14. 이슬람의 전파와 칭기즈 칸의 대원정
15. 십자군 전쟁과 백년전쟁
16. 르네상스의 꽃이 피다
17. 종교 개혁과 마르틴 루터
18. 신대륙의 발견과 대항해 시대
19. 절대 왕정과 30년 전쟁
20. 청교도 혁명과 명예 혁명
21. 미국의 독립과 혁명의 기운
22. 세계를 휩쓴 혁명의 태풍
23. 대륙을 정복한 전쟁 영웅 나폴레옹
24. 산업혁명과 자치의 물결
25. 발전하는 미국과 유럽의 진출
26. 침략받는 중국과 인도
27. 제국주의와 제1차 세계 대전
28. 경제 공황과 제2차 세계 대전
29. 냉전 시대와 급변하는 사회
30. 발전하는 현대 사회
31. 세계는 하나, 지구촌 시대
32. 세계의 문화유산
33. 세계의 문화 유적
34. 세계의 역사 인물

🗿 우리 땅 넓은 땅
한국사 이야기 (전34권)

1. 한반도의 새벽
2. 시작되는 삼국 신화
3. 고대 국가로 발전하는 삼국
4. 대제국으로 발전하는 고구려
5. 백제에 부는 새로운 바람
6. 화랑정신에 빛나는 신라
7. 삼국을 통일한 신라
8. 통일신라와 발해
9. 후삼국과 고려
10. 후삼국을 통일한 고려
11. 거란의 침입과 귀주 대첩
12. 흔들리는 고려의 왕권
13. 무신정권 시대의 개막
14. 몽골의 침입과 삼별초의 항쟁
15. 안팎으로 시달리는 고려
16. 고려 왕조의 멸망
17. 새 나라 조선의 건국
18. 문화의 황금기, 세종 시대
19. 피로 얼룩진 궁궐
20. 사화의 소용돌이
21. 당파 싸움으로 기울어지는 나라
22. 임진왜란의 참화
23. 나라를 지켜 낸 영웅들
24. 병자호란의 치욕
25. 실학 사상과 천주교의 탄압
26. 거센 외세의 물결
27. 동학농민운동과 청·일 전쟁
28. 불타오르는 민족의식
29. 일제 강점하의 광복 투쟁
30. 대한민국의 수립과 발전
31. 세계 속의 대한민국
32. 한국의 문화유산
33. 한국의 문화 유적
34. 한국의 역사 인물